Stephanie Gebauer

Erstellung einer detaillierten Unterrichtsplanung eines Bauch-Beine-Po-Kurses

GRIN Verlag

Bibliografische Information der Deutschen Nationalbibliothek:

Die Deutsche Bibliothek verzeichnet diese Publikation in der Deutschen National-
bibliografie; detaillierte bibliografische Daten sind im Internet über http://dnb.d-
nb.de/ abrufbar.

Impressum:

Copyright © 2013 GRIN Verlag GmbH
Druck und Bindung: Books on Demand GmbH, Norderstedt Germany
ISBN: 978-3-656-55611-4

Dieses Buch bei GRIN:

http://www.grin.com/de/e-book/265659/erstellung-einer-detaillierten-unterrichts-
planung-eines-bauch-beine-po-kurses

GRIN - Your knowledge has value

Der GRIN Verlag publiziert seit 1998 wissenschaftliche Arbeiten von Studenten, Hochschullehrern und anderen Akademikern als eBook und gedrucktes Buch. Die Verlagswebsite www.grin.com ist die ideale Plattform zur Veröffentlichung von Hausarbeiten, Abschlussarbeiten, wissenschaftlichen Aufsätzen, Dissertationen und Fachbüchern.

Besuchen Sie uns im Internet:

Deutsche Hochschule für
Prävention und Gesundheitsmanagement
Hermann Neuberger Sportschule 3
66123 Saarbrücken

Bitte ankreuzen:

—   **Hausarbeit**

_x_   **Skript**

Fachmodul: Gruppentraining IV

Studiengang: Fitnesstraining

Version Studienbrief: **Februar 2013, v.9**

(*Datum des Vorwortes, Versionsnummer in Fußzeile des Studienbriefes)

Studienort: **Köln**

Gruppe:**

(**nur auszufüllen bei Hausarbeiten als kollektive Gruppenarbeit)

Name, Vorname   **Matrikelnummer**

Namen, Vornamen (bei kollektiver Prüfungsleistung alle weiteren Gruppenmitglieder eintragen)

Thema: **Erstellung einer detaillierten Unterrichtsplanung**

eines Bauch Beine Po Kurses

Inhaltsverzeichnis

1 Bauch Beine Po Kurs

Ein Bauch Beine Po Kurs identifiziert sich durch die Kräftigung der Bauch-, Oberschenkel- und Gesäßmuskulatur sowie der Abduktoren zum Rhythmus der Musik (Reiß & Fikerzer, 2013, S. 112).

1.1 Zielgruppe

Der Bauch Beine Po Kurs ist für Fitness-Sportler, deren Motiv es ist ihre Figur bzw. ihren Körper zu straffen und zu formen (Abnehmwillige), sowie die Partien des Bauches, der Beine und des Pos zu kräftigen und zu modellieren.

An sich richtet sich der Kurs an das weibliche und männliche Publikum, die zwischen 20 und 40 Jahren alt sind. Grund dafür ist, dass der angebotene Kurs abends ab 19:00 Uhr angeboten wird und somit die Gruppe der Berufstätigen in den Vordergrund rücken soll. Aufgrund dessen richtet sich der Kurs nicht nur an die „Abnehmwilligen", sondern auch an diejenigen, die ihre mentale Belastung durch beruflichen Stress beseitigen möchten und einen Ausgleich zum Job suchen (Gruppensportler).

Daneben handelt es sich um einen Kurs für Einsteiger, die noch nicht viele Erfahrungen mit kraftorientierten Kursen gemacht haben, jedoch die körperlichen Voraussetzungen besitzen. Dementsprechend muss der Kursinhalt an das Leistungslevel der Teilnehmer angepasst werden. Da es sich um einen Einsteigerkurs handelt werden keine Kleingeräte eingesetzt, um die Teilnehmer mit den Grundübungen bekannt zu machen und die zunächst korrekte Ausführung in den Mittelpunkt zu stellen. Die maximale Teilnehmerzahl beschränkt sich aufgrund der Kursraumgröße auf 15 Teilnehmer.

1.2 Trainingsziele

Das erste Trainingsziel, dass mit diesem Kurs erreicht werden soll, ist die Kräftigung der Partien des Bauches, der Beine und des Pos. Durch einen anfänglichen Krafttest pro Muskelgruppe kann der momentane Trainingszustand ermittelt werden. Nach einem anschließenden Kräftigungsprogramm und darauffolgenden Dehnprogramm wird dieser wiederholt. Ziel hierbei soll sein, dass die Teilnehmer eine leichte Verbesserung in allen Muskelpartien erzielen. Natürlich ist dieses Trainingsziel nach nur einer Kursstunde schwer messbar bzw. erreichbar, sodass langfristige Erfolge erst nach mehreren Trainingsstunden erzielt werden können. Daneben steht ebenfalls das Ziel den Körperfettanteil zu reduzieren, welches jedoch nicht nach einer Kursstunde erzielt werden kann. Ziel ist es demnach für alle Teilnehmer pro Monat ca. 1 – 1,5 % Körperfett zu verlieren (Abnehmwillige).

Ein weiteres Ziel liegt in der Verbesserung der Körperhaltung. Im BBP-Kurs wird zum einem der Rumpf, der den Oberkörper aufrichtet trainiert, der Po, der im Bereich der LWS zur Stabilität des Oberkörpers beiträgt und die Beine, die den Oberkörper und das Becken stützen. Um herauszufinden, ob bei den Teilnehmern eine Verbesserung der Körperhaltung hervorgerufen wird, sollen sich diese zu Beginn der Stunde einfach mal so hinstellen wie sie es für angenehm empfinden. Diese Haltung wird in der Regel sehr instabil und krumm sein. Nach der BBP-Stunde sollen die Teilnehmer dies noch einmal wiederholen und es wird sich herausstellen, dass jeder ganz anders und viel aufgerichteter steht wie zu Beginn der Kursstunde.

Das letzte Ziel, welches durch den BBP-Kurs erzielt werden soll, ist die Verbesserung des allgemeinen Wohlbefinden. Da die Zielgruppe das Feld der Berufstätigen abdeckt und diese den Kurs meistens nach der Arbeit besuchen, kommen viele gestresst und genervt zum Kurs. Der Kurs beabsichtigt es daher dieses negative Wohlbefinden in ein positives zu verwandeln. Messen kann man dieses, indem die Teilnehmer am Anfang der Stunde anhand einer Skala von 1-10 ihr Wohlbefinden bewerten (1=schlecht, 10= super). Am Ende der Kursstunde soll jeder Teilnehmer nochmals sein Wohlbefinden beurteilen (Gruppensportler).

1.3 Kursdauer

Der Bauch Beine Po Kurs nimmt insgesamt 60 Minuten in Anspruch. Darin eingeschlossen sind ein jeweils ca. 10-minütiger Auf- und Abwärmteil sowie ein Hauptteil von ca. 40-minütiger Länge.

1.4 Musik

Tab. 1: Musikauswahl - BBP

Nr.	Interpret	Titel	BPM	Dauer	Phase
	Intro			0:12	Warm Up
1.	Zedd	Clarity	128	4:15	Warm Up
2.	Ellie Goulding	Lights (Dance Remix)	128	3:30	Warm Up
3.	Olly Murs	Army of Two	128	3:45	Warm Up + Übergang Hauptteil
4.	Jay Sean	So High	128	3:00	Hauptteil
5.	Mike Candys ft. Evelyn	Brand New Day	128	3:00	Hauptteil
6.	Carolina Marquez ft. Flo Rida	Sing La La La	128	4:00	Hauptteil
7.	Depeche Mode	Heaven	128	4:24	Hauptteil
8.	DJ Antoine	Bella Vita	124	4:07	Hauptteil
9.	Avicii	I Could Be The One	124	3:06	Hauptteil
10.	Chris Brown	Don't Judge Me	123	4:09	Hauptteil
11.	Otto Knows	Million Voices	123	3:08	Hauptteil
12.	Flo Rida ft. Redfoo	Run	122	3:40	Hauptteil
13.	Kesha	C'Mon	122	3:09	Hauptteil
14.	Nelly	Hey Porsche	121	3:41	Hauptteil + Überleitung zum Cool Down

Tab. 2: Musikauswahl - BBP (Fortsetzung)

15.	Bill Medley & Jennifer Warnes	The Time Of My Life	---	4:47	Cool Down
16.	The Ronettes	Be My Baby	---	2:37	Cool Down
17.	Patrick Swayze	She's Like The Wind	---	3:51	Cool Down + Übergang zum Ende

Lieder 1-14 (vgl. MoveYa, 2013)

Lieder 15-17 (vgl. Ienner, 1987)

1.5 Didaktisch-methodische Überlegungen

Da es sich bei dem dargestellten Bauch-Beine-Po Kurs um einen Einsteigerkurs handelt, ist es besonders wichtig, dass der Gruppentrainer auf eine technisch saubere Ausführung der Übungen achtet und dies durch Einzel- oder Gruppenkorrekturen unterstützt. Daneben ist besonders auf eine korrekte Haltung zu achten, dass heißt, der Neutralstellung des Beckens, der Brustkorbhebung, der Halswirbelsäulenstreckung und der Schultergürtelkontrolle ist besondere Aufmerksamkeit zu widmen. Außerdem muss eine Wirbelsäulenstabilität gewährleistet werden, indem die innere Rumpfmuskulatur aktiviert wird. Da dies jedoch schwierig zu kontrollieren ist, muss der Gruppentrainer den Teilnehmern eine langsame und präzise Bewegungsausführung näher bringen. Des Weiteren muss der Gruppentrainer auf eine rücken- und gelenkfreundliche Veränderung der Körperposition, z. B. vom Stand in die Rückenlage, achten und diese nicht nur korrekt anleiten, sondern sie selber richtig durchführen.

Vor allem bei Einsteigern ist dafür Sorge zu tragen, aufgrund des noch geringen Körpergefühls, Ruck- und Schwungbewegungen zu vermeiden.

Der Gruppentrainer sollte bei seiner Unterrichtsplanung darauf achtgeben, dass koordinativ anspruchsvollere Übungen zu Beginn der Kursstunde durchgeführt werden, um eine korrekte und saubere Durchführung zu gewähren. Außerdem darf der Gruppentrainer nie das Leistungslevel der Teilnehmer vergessen und immer dem Trainingszustand entsprechende Übungen auswählen, um Überlastungen oder Motivationseinbußen der Teilnehmer zu vermeiden. Wichtig ist, dass der Trainer dafür sorgt, dass die Teilnehmer neben der Erreichung ihrer Ziele

Spaß und Freude an der Bewegung haben. Bevor die Teilnehmer eine Übung jedoch durchführen, sollte der Gruppentrainer die Bewegungsausführung der jeweiligen Übungen demonstrieren, damit die Teilnehmer zum einen ein Bild von der Übung haben und zum anderen die korrekte Bewegungsausführung umsetzen können. Nach der Bewegungsdemonstration des Gruppentrainers, sollte dieser seine Mattenposition verlassen und um die Matten der Teilnehmer im Raum hergehen, um verbal und taktil anleiten und korrigieren zu können. Dies ist bei Einsteigern von enormer Wichtigkeit, da gerade im Anfangsstadium sich viele Fehler einschleichen können und diese wiederrum schnell automatisiert werden. Daran angeschlossen sollten unbedingt ausreichende Pausen zwischen den Übungen gemacht werden, um der Muskulatur genügend Entspannung zu geben.

Damit auch jeder Teilnehmer die Bewegungen richtig ausführen kann, muss jeder den Gruppentrainer von seiner Position aus richtig sehen. Daher muss der Gruppentrainer die Matten bzw. die Teilnehmer im Vorfeld richtig positionieren.

Letztendlich ist es die Aufgabe vom Gruppentrainer den Teilnehmern bewusst zu machen, dass jeder in gewissem Maß auch für sich selber verantwortlich ist sowie jeder die eigenen Signale des Körpers beachten und schließlich seine eigenen körperliche Grenzen respektieren muss. Dies ist wichtig um Verletzungen oder Überlastungen zu vermeiden.

1.6 Unterrichtsplanung

Tab. 3: Strukturierte Inhaltsplanung - BBP

Name und Ziel der Übung	Ausgangsstellung / Arme / Beine	Wdh-Zahl / Sätze	Kommentar / Korrektur
Begrüßung der Teilnehmer			
Allgemeines Warm Up (ca. 5 Minuten)			
March am Platz → Erwärmung des Herz-Kreislauf-Systems (HKL)	- Knie im Wechsel bis zu max. 90° anziehen - Arme schwingen anfangs locker mit dann Walking Arms	4x8 Zählzeiten (ZZ)	tief ein- und ausatmen, Oberkörper aufrichten, ein Fuß bleibt immer am Boden
Side to Side → Mobilisation des Schultergürtels u. Der Füße	Arme an die Hüfte anlegen	4x8 ZZ	saubere Abrollbewegung der Füße
	Schultern kreisen	2x8 ZZ	Bewegungsradius erst klein dann über die Arme größer werden lassen
	Kompletten Arme mit kreisen	2x8 ZZ	
Step Touch → Mobilisation der Knie u. Arme	Arme an der Hüfte	4x8 ZZ	Hoch-Tief Bewegung der Beine, Knie u. Füße nach außen gerichtet
	Arme angewinkelt zur Seite vor und zurück bewegen	4x8 ZZ	

Tab. 4: Strukturierte Inhaltsplanung - BBP (Fortsetzung)

Knee Lift → Mobilisation der Knie, des Hüftbeugers	Hände an die Hüfte	4x8 ZZ	Rücken bleibt aufrecht und stabil
→ Mobilisation der Wirbelsäule durch leichte Drehbewegung	entgegengesetzten Ellenbogen zum Knie führen	4x8 ZZ	Wirbelsäule kontrolliert eindrehen
March → Vorbereitung auf spezielles Warm up	Walking Arms	2x8 ZZ	
Spezielles Warm Up (ca. 5 Minuten)			
Squat → Vorbereitung auf den Hauptteil	Hände in die Hüfte stemmen	4x8 ZZ	Auf die richtige Kniestellung achten
March am Platz → Überleitung zum Pre-Stretch	Walking Arms	8 ZZ	
dynamisches Dehnen der Wade	Ausfallschritt rechts, linke Ferne hoch und tief bewegen, dann Seite wechseln	je 8-10 sec.	
dynamisches Dehnen der Schulterblattfixatoren (M. trapezius, M. rhomboideus major)	Aufrechten Stand einnehmen, Hände ineinander verschränken u. die Arme in Schulterhöhe nach vorne vor den Körper strecken, Spannung abwechseln einnehmen u. lösen	8-10 sec.	Schultern bleiben tief unten

Tab. 5: Strukturierte Inhaltsplanung - BBP (Fortsetzung)

dynamisches Dehnen der Brust- u. Armbeugemuskulatur	Aufrechter Stand, Arme hinter den Körper verschränken, Handflächen zeigen nach hinten, Arme aktiv nach hinten oben schieben	8-10 sec.	Oberkörper gerade aufrichten
Dynamisches Dehnen der Ischiocrurale Muskulatur	Leichte Schrittstellung einnehmen, hintere Bein (Standbein) leicht beugen, Oberkörper gerade nach vorne neigen und zurückbewegen	je 8-10 sec.	
Wirbelsäule mobilisieren und Vorbereitung der Bauchspannung	Breite Standposition einnehmen, Hände auf Oberschenkel stützen, Rücken abwechselnd rund u. gerade machen	8-10 sec.	Beim Rundmachen Bauchnabel zur Wirbelsäule ziehen, Bewegung an die Atmung anpassen
Übergang zum Hauptteil	Jeder Teilnehmer holt sich eine Matte → dabei Schultern und Arme lockern		
Hauptteil (ca. 40 Minuten) Kraftorientiert			
Standposition			
Kniebeuge → Kräftigung der Beine	Füße stehen parallel u. hüftbreit 1. Satz: 2 ZZ tief, 2 ZZ hoch, langsam 2. Satz: 2 ZZ tief, 2 ZZ hoch, mit Pause	2×16 Wdh. (128 ZZ)	Auf geraden Rücken achten, Kniestellung beachten
	Arme mit nach vorne / oben nehmen 2 ZZ tief, 2 ZZ hoch, langsam	16 Wdh. (64 ZZ)	Oberkörper ist aufrecht, Unterschenkel vorne nicht weiter als rechten Winkel beugen

Tab. 6: Strukturierte Inhaltsplanung - BBP (Fortsetzung)

Ausfallschritt → Kräftigung der Beine	Erst re. Bein nach vorne u. li. hüftbreit nach hinten versetzen, Beinseite wechseln; 1. Satz: 2 ZZ tief, 2 ZZ hoch, langsam 2. Satz: 2 ZZ tief, 2 ZZ hoch, mit Pause	2x8 Wdh. pro Seite (128 ZZ)	Fußsohlen gleichmäßig u. symmetrisch belasten
Leg Lift → Kräftigung der Abduktoren	re. Bein seitl. nach außen führen, Beinwechsel 1. Satz: 2 ZZ nach außen, 2 ZZ nach innen, langsam 2. Satz: 2 ZZ nach außen, 2 ZZ nach innen, mit Pause	2x16 Wdh. pro Seite (256 ZZ)	Standbein leicht gebeugt Rumpf u. Becken aufrichten Fußspitzen hoch ziehen
Vierfüßlerstand im Unteramstütz			
Beinstrecken angewinkelt → Kräftigung des Pos	re. Bein angewinkelt vom Boden abheben bis Oberschenkel u. Oberkörper eine Linie bilden, Beinseite wechseln 1. Satz: 2 ZZ hoch, 2 ZZ tief, langsam 2. Satz: 2 ZZ hoch, 2 ZZ tief, mit Pause	2x16 Wdh. pro Seite (256 ZZ)	Auf physiologische Rückenhaltung achten
	re. Bein komplett strecken u. diagonalen Arm mit nach vorne strecken 1. Satz: 2 ZZ tief, 2 ZZ hoch, langsam	16 Wdh. pro Seite (128 ZZ)	

Tab. 7: Strukturierte Inhaltsplanung - BBP (Fortsetzung)

Bauchlage			
Leg Lift → Kräftigung des Pos	re. Bein gebeugt im Kniegelenk nach oben anheben, Beinseite wechseln, 1. Satz: 2 ZZ hoch, 2 ZZ tief, langsam 2. Satz: 2 ZZ tief, 2 ZZ hoch, mit Pause	2x16 Wdh. pro Seite (256 ZZ)	re. Bein soweit anheben, wie es ohne Ausweichbewegung in der Hüfte möglich ist
	re. Bein ist gestreckt, Beinseite wechseln 1. Satz: 2 ZZ tief, 2 ZZ hoch, langsam	16 Wdh. pro Seite (128 ZZ)	
Seitenlage			
Lateralflexion aus seitl. Ellenbogenstütz → Kräftigung der Bauchmuskulatur	Beine sind gebeugt, Becken bis knapp über den Boden senken u. nach oben führen, Seite wechseln, 1. Satz: 2 ZZ hoch, 2 ZZ tief, langsam 2. Satz: 2 ZZ hoch, 2 ZZ tief, mit Pause	2x8 Wdh. pro Seite (128 ZZ)	Spannung im Bauch halten, Bauchnabel zur Wirbelsäule ziehen
Kräftigung der Abduktoren	Obere Bein nach oben führen 1. Satz: 2 ZZ hoch, 2 ZZ tief, langsam 2. Satz: 2 ZZ hoch, 2 ZZ tief, mit Pause	1. Satz: 16 Wdh. pro Seite 2. Satz: 8 Wdh. (192 ZZ)	Hüfte u. Oberkörper stabilisieren

Tab. 8: Strukturierte Inhaltsplanung - BBP (Fortsetzung)

Rückenlage			
Crunches gerade → Kräftigung der geraden Bauchmuskulatur	Beine auf Fersen aufstellen, Hände neben Oberschenkel, Oberkörper heben u. senken 1. Satz: 2 ZZ hoch, 2 ZZ tief, langsam 2. Satz: 2 ZZ hoch, 2 ZZ tief, mit Pause	2x8 Wdh. (64 ZZ)	An die Atmung denken, Pressatmung vermeiden, Füße auf dem Boden lassen Abstand zw. Kinn u. oberem Brustbein ca. eine Faust breit Aufrollbewegung so hoch, wie die LWS am Boden bleibt
	Beine anheben und 90° anwinkeln 1. Satz: 2 ZZ hoch, 2 ZZ tief, langsam	8 Wdh. (32 ZZ)	Fußspitzen anziehen
Crunches schräg → Kräftigung der schrägen Bauchmuskulatur	Beine auf Fersen aufstellen, Arme seitlich neben Oberschenkel, Oberkörper diagonal nach re u. li heben 2 ZZ hoch, 2 ZZ tief, langsam	8 Wdh. pro Seite (64 ZZ)	Gleichmäßige Bewegungen
Schulterbrücke → Kräftigung Ischiocrurale, Po, Rückenstrecker	Hüftbreite Beinposition, Becken heben u. senken 1. Satz: 2 ZZ heben, 2 ZZ senken, langsam 2. Satz: 2 ZZ heben, 2 ZZ senken, mit Pause	1. Satz: 16 Wdh. 2. Satz: 8 Wdh. (96 ZZ)	ständige Wirbelsäulen- und Beckenstabilität

Tab. 9: Strukturierte Inhaltsplanung - BBP (Fortsetzung)

	re. Fußgelenk auf dem linken Knie ablegen u. Knie zur Seite kippen, Beinseite wechseln 1. Satz: 2 ZZ hoch, 2 ZZ tief, langsam 2. Satz: 2 ZZ hoch, 2 ZZ tief	2 x 8 Wdh. pro Seite (128 ZZ)	
Cool Down (ca. 10 Minuten)			
Dehnung Bauchmuskulatur	Rückenlage, Arme hinter den Kopf strecken, Körper gestreckt in die Länge ziehen	Übung 30 sec. statisch halten	Schultergürtel bleibt tief und entspannt
Dehnung der seitlichen Bauchmuskulatur, des Gesäß und der ischiocruralen Muskulatur	Rückenlage, Beine im Kniegelenk anwinkeln und nacheinander zur Seite auf den Boden ablegen, dann das obere Bein lang nach vorne strecken bis zur Dehnung	Übung 30 sec. pro Seite statisch halten	Schultergürtel liegt komplett auf dem Boden auf
Dehnung Rückenstrecker	Rückenlage, Beine anwinkeln, Beine mithilfe der Arme an die Oberkörper ziehen, Schultergürtel leicht vom Boden abheben	Übung 30 sec. statisch halten	
Dehnung Beinstrecker	Seitlage, untere Bein mit Hüft- und Kniegelenkbeugung vor dem Körper platzieren, Sprunggelenk des oberen Beins umfassen und zum Po ziehen	Übung 30 sec. pro Seite statisch halten	Körper ist während der Übung in einer Linie

Tab. 10: Strukturierte Inhaltsplanung - BBP (Fortsetzung)

Dehnung der Hüftbeuger	Schrittstellung am Boden, vordere Bein gebeugt, Oberkörper auf dem Bein abstützen, hintere Bein liegt mit Knie u. Unterschenkel auf, Becken nach vorne schieben	Übung 30 sec. pro Seite statisch halten
		Beim vorderen Bein ist der Fuß vor dem Knie
		Oberkörper bleibt die ganze Zeit in der Vertikalen fixiert
Dehnung der Brust-, Schulter- und Armbeugemuskulatur	Stabiler, aufrechter Stand, Arme hinter dem Körper verschränken, gestreckten Arme aktiv nach hinten oben heben	Übung 30 sec. statisch halten
		Fixiertes Becken, Rücken ständig aufrecht u. gerade
Mentale Vorbereitung auf das Ende der Kursstunde und den Alltag	Stabiler, aufrechter Stand, beim einatmen die Arme kreisförmig ausgestreckt nach oben führen, beim ausatmen die Arme kreisförmig gestreckt wieder absenken	Übung 3x wiederholen

Übungen (vgl. DHFPG, 2010)

2 Literaturverzeichnis

Deutsche Hochschule für Prävention und Gesundheitsmanagement (2010). *Übungskatalog Gruppentraining.* Unveröffentlichte Studienmaterialien. Saarbrücken: Deutsche Hochschule für Prävention und Gesundheitsmanagement.

Ienner, J. (1987). *Dirty Dancing.* Germany: Vestron Music Inc.

MoveYa (2013). *Chart Attack Toning Spring '13.* Europa: Pure Pleasure Music GmbH.

Reiß, M. & Fikenzer, S. (2013). Studienbrief *Gruppentraining III.* Unveröffentlichte Studienmaterialien. Saarbrücken: Deutsche Hochschule für Prävention und Gesundheitsmanagement.

3 Tabellenverzeichnis